MAJORQUE

ARTISTIQUE, ARCHÉOLOGIQUE, MONUMENTALE

ARCHITECTURE ESPAGNOLE

L'ESPAGNE + ARTISTIQUE + ARCHÉOLOGIQUE + MONUMENTALE

MAJORQUE

ARTISTIQUE, ARCHÉOLOGIQUE, MONUMENTALE

PREMIÈRE ÉDITION FRANÇAISE AVEC UN TEXTE RÉDIGÉ SUIVANT CEUX

DE

PIFERRER & QUADRADO

AVEC 72 PLANCHES PHOTOTYPIE, ET ILLUSTRÉE DE NOMBREUSES GRAVURES

TRADUCTION DE L'ESPAGNOL PAR A. G. BERTAL

Illustrations de FABRÉS, RIQUER, CASANOVAS, FABRÉ et PARERA.

PARERA & CIE, ÉDITEURS

RUE RONDE DE L'UNIVERSITÉ, 4. — BARCELONE (ESPAGNE)

Imprimerie LA ILUSTRACION, calle de Valencia, 311, BARCELONE. — Gérant: F. Giró.

VUE PANORAMIQUE DE PALMA DE MAJORQUE
Composition de A. Riquer.

APERÇU HISTORIQUE

COMPOSENT l'archipel baléar les Iles de Majorque, Minorque, Cabrère, Iviça, Formentère, Conéjère et quelques autres îlots de peu d'importance. La capitale du groupe est Palma, dans l'île de Majorque. Sa position dans la Méditerranée est à 95 kilomètres à l'Est de la côte d'Espagne, dont il forme l'une des 49 provinces. L'archipel est situé entre 38°40' et 40°5' de latitude Nord, et 4°53' et 8°7' de longitude Est du méridien de Madrid.

La population s'élève à près de 300,000 habitants, suivant les plus nouveaux recensements. Le climat en est tempéré et sain; le sol fertile en blés, vins, huiles et fruits de l'Europe méridionale. Le bétail s'y élève en abondance, principalement le porc, et constitue une considérable mine de richesse pour le pays; enfin, ses côtes offrent de nombreux et sûrs refuges, dont quelques-uns d'exceptionnelle importance.

Ce groupe d'îles a reçu différents noms: les grecs appelèrent les trois premières *Gimnesias*, par ce que leurs habitants allaient nus au combat, et les trois dernières *Pityusas*, à cause des forêts de pins qui les couvrent.

On ne sait à quelle époque précise, elles commencèrent à être designées sous le nom de *Baléares*, ni d'où dérive ce nom. L'opinion la plus admise est celle qui fait descendre cette dénomination du grèc βάλλειν, que signific lancer, par ce que leurs habitants primitifs étaient d'une remarquable habilité dans le maniement de la fronde. Diodore dit, à ce propos, qu'il n'y avait casque, cuirasse ni bouclier qui put résister aux projectiles des baléarois, et Florus, expliquant cette merveilleuse adresse, affirme que les mères ne donnaient les mets à leurs enfans, qu'après que ceux-ci les avaient abattus à coups de pierres.

Suivant Strabon, ces îles furent colonisées par les Rhodios.

Les premiers étrangers qui bénéficièrent de son commerce furent les Carthaginois, qui s'emparèrent d'abord d'Iviça, et plus tard étendirent leur domination sur le reste de l'archipel, non sans rencontrer de longues et sérieuses difficultés. Un de leurs généraux, Magon, fonda et baptisa la capitale de Minorque. Les «frondeurs» baléarois suivirent les Carthaginois dans leurs guerres contre Rome, et, sous la conduite d'Annibal, ils prirent part à la bataille de Cannes, qui mit en si grand péril la liberté de la République. Les successifs désastres des Carthaginois et la destruction de l'orgueilleuse Carthage, rendirent l'indépendance aux îles baléares.

Le consul romain Cecilio Metellus en fit la conquête, l'an 123 avant J. C. Il y fonda les villes de Palma et Pollenza, et, à son retour à Rome, le Sénat le gratifia du surnom de *Baléarico.* Jules César emmena les «frondeurs» pour sa campagne des Gaules, appelant *fundæ librales* les armes qu'ils portaient, par ce qu'avec elles, ils lançaient des pierres du poids d'une livre. Par les Romains furent donnés, aux deux principales îles, les noms de *insula Major*, Majorque, et *insula Minor*, Minorque, qui formèrent partie de l'Espagne Tarraconaise, jusqu'à ce que l'empereur Théodose fit de l'archipel une des sept *Hispaniæs.* Pendant les guerres civiles qui précédèrent la décadence de la République romaine, les îles, suivant les différents partis qui les subjuguérent, perdirent une grande partie de leur population.

En l'année 426 de notre ère, à l'époque de la dissolution de l'Empire romain, les Vandales les conquirent; le général byzantin Bélisaire les leur reprit, mais bientôt elles tombèrent au pouvoir de la Monarchie wisigothe, suivant ainsi le sort de la péninsule Ibérique.

Puis, l'invasion des Sarrasins les soumit à un nouveau joug; réunies au califat de Cordoue, pour lequel les gouvernait un *guali*, elles commencèrent à se rendre redoutables par les courses de ses pirates sur les côtes chrétiennes de la Méditerranée. Le califat éteint, elles furent constituées en royaume indépendant par le guali de Denia, Abul-Gaix-Mogehid-Moguafac, qui mourut en 1045, non sans avoir, avant, étendu sa dommation jusqu'à l'île de Sardaigne. Son fils et successeur, Ali-Jebal-ab-Daula, fut détrôné en 1076, par Moctadir de Saragosse, qui réunit ainsi, à son propre royaume, celui de Denia, mais pour peu de temps, car bientôt les Baléares passèrent au pouvoir des Almoravides.

Les pirateries et déprédations qui continuaient, faisant alors comme partie de la manière de vivre des insulaires, éveillèrent chez les habitants de Pise le désir d'y mettre un terme; pour délivrer le commerce maritime d'une telle plaie. Ils implorèrent l'aide spirituelle du pape Pascual II, qui répondit à leurs sollicitations en ordonnant de prêcher la Sainte-Croisade contre les bandits baléarois. De nombreux navires et guerriers de diverses régions de l'Italie se réunirent et arrivèrent en Catalogne, où on les reçut avec de grandes démonstrations de joie. Le comte Ramon Bérenguer III, *le Grand*, s'intéressa à l'expédition, et, la renforçant d'un corps de catalans et d'un bon contingent de bateaux — le plus important qu'on ait vu jusqu'alors en Catalogne — il prit, à l'unanime désignation des combattants, le commandement des forces et sortit du port de Salou, à destination des Iles, le jour de la fête de Saint Jean de l'an 1115.

Iviça tomba d'abord, et, après un siège long et tenace, pendant lequel donnèrent égales preuves de valeur assiégeants et assiégés, Palma fut enfin prise d'assaut. Malheureusement, ni les Catalans, ni les Pisains ne se trouvaient en conditions de conserver leur conquête; aussi, leur glorieuse et inféconde entreprise terminée, abandonnèrent-ils les îles, dont les Almoravides redevinrent les maîtres. Dès lors, cependant, les pirateries diminuèrent.

Dans les luttes qui suivirent, entre les Almohades récemment venus d'Afrique et les Almoravides, les Baléares furent l'ultime rempart de ces derniers. A Mohamed-Abben-Gania succéda Abu-Ibrahim, son fils, qui signa, en 1181, un traité avec Gênes. Ali, également fils et successeur de ce dernier, continua ces combats contre les Almohades, les attaquant jusque sur leur propre territoire, en Afrique, et leur enlevant même la ville de Bougie. Mais, entretemps, l'émir almohade, Mohamed-ben-Yacub, s'emparait, en 1203, de Majorque, tuait Abd-Allah, frère d'Ali, au nom de qui il gouvernait, et l'archipel passa au pouvoir des Almohades, auxquels Ali ne le put reprendre.

Alors venait de monter sur le trône d'Aragon un jeune monarque, auquel était réservée la gloire de rendre à son pays cette perle de la Méditerranée, objet constant de la convoitise des étrangers. Profitant du mécontentement suscité entre les commerçants catalans par de récentes pirateries, Don Jaime Ier réunit en Cortès les trois corps de l'Etat, non sans avoir, auparavant, réclamé — mais en vain — la restitution des prises; dans ces séances, une expédition contre Majorque fut résolue. Les préparatifs s'en firent avec un fébrile enthousiasme, et, le 6 Septembre 1229, sortit du port de Salou une puissante escadre, qui portait à bord la fleur des chevaliers du Royaume, et qui, après avoir essuyé une tempête furieuse, arriva au port de Palomera ou Pantaleu. Le péril passé, l'escadre se dirigea sur Santa Ponza, où le débarquement commença immédiatement. Mais, à peine les arrivants eurent-ils mis pied à terre, que les Muslimes s'aperçurent de leur présence sur leur territoire et accoururent, en nombre, à leur rencontre. C'est à Portopi qu'eût lieu la première bataille, que gagnèrent les chrétiens, mais non sans avoir à déplorer la perte de deux des meilleurs chevaliers aragonais: don Guillen et don Ramon de Moncada. Ensuite, on mit le siège devant Palma, dont les défenseurs surent résister héroïquement aux héroïques attaques des assaillants, auxquels finit enfin par sourire la victoire, qui les rendit possesseurs de la ville ambitionnée, ainsi que de toute l'île. Les autres îles de l'archipel ne furent entièrement soumises à Don Jaime qu'en 1234.

L'armée vainqueur fit son entrée dans Palma le 31 Décembre 1229, par l'ancienne porte de Bebalcofol, très-notable par son importance historique pendant la domination sarrasine. Cette porte fut reconstruite au seizième siècle, restant seulement, au centre, le portail de construction arabe. Nous avons cru intéressante la reproduction de cette porte (Planche I), aujourd'hui connue sous le nom de Portail de Santa Margarita.

Par volonté testamentaire de Don Jaime Ier, le Conquérant, il fut formé, à sa mort, un

Royaume Baléar, pour son second fils, Jaime, avec obligation de prestation d'hommage de vasselage au roi d'Aragon, duquel hommage il fut cependant exempté plus tard, mais sous condition d'avoir à accourir, avec forces en armes, quand nécessaire serait, en faveur du monarque aragonais. Peu après, Pédro III, *le Grand*, résolut, pour châtier son frère d'avoir manqué à ses engagements, en livrant aux français les forteresses du Roussillon, de lui enlever les Baléares; mais il mourut quand il allait précisément s'embarquer, et ce fut son fils, Don Alfonso, qui mit son projet à exécution, en s'emparant, sans résistance d'ailleurs, des îles de Majorque et d'Iviça, que suivit bientôt Minorque, possédée encore par les Musulmans, qui payaient «parias» au roi chrétien.

Ce ne fut qu'au règne suivant, de Jaime II, d'Aragon, frère d'Alfonso III, et par concession de son neveu, auquel il ratifia l'obligation de l'hommage de vasselage, que Don Jaime, de Majorque, recouvra ses états. Son segond fils, Sancho — l'aîné, Jaime, ayant revêtu l'habit monastique de Saint François — lui succéda sur le trône. A la mort, sans postérité, de Sancho, la couronne passa au quatrième fils de Jaime Ier, le troisième étant abbé, à Tours. Don Fernando, qui mourut en Orient, où il était allé avec les almugavares catalans, laissa un fils mineur, qui fut plus tard Jaime II, et avec lequel devait finir le royaume baléarique. L'ambitieux Pédro IV, d'Aragon, sous prétexte qu'on lui avait refusé prestation de l'hommage dû, s'empara, par la force, des états de Jaime II, qui tenta en vain de les reprendre par les armes, et trouva la mort dans les champs de Lluchmayor (1349). Son fils, également nommé Jaime, ne fut pas plus heureux dans la revendication de ses drois, et, à sa mort, à Soria (1375), la branche masculine des rois de Majorque étant éteinte, les îles furent, de droit, incorporées à la couronne d'Aragon, suivant le dispositif des Cortès de Lérida, de 1325.

La situation de Majorque, pendant le règne des rois d'Aragon, ne fut pas heureuse, car, pour subvenir aux frais des fréquentes guerres qu'ils soutinrent, elle fut rançonnée d'énormes tailles et tributs, qui occasionnèrent, d'une part, la dépopulation des îles, et, de l'autre, de fréquents soulèvements des paysans contre les citadins.

Juan Ier, pour échapper à la peste qui désolait Valence et la Catalogne, fixa sa résidence à Bellver, et les frais que dut supporter l'île, en cette circonstance, furent tels, que cela origina de nouveau désordres chez les habitants des champs.

Juan II céda Majorque à son fils, le prince Carlos de Viana, en 1460, cession qui n'eut pas d'effet, à cause de l'opposition qu'y firent les naturels du pays.

Au commencement du seizième siècle, et sous le nom de *Germanias*, les discordes renaquirent entre les nobles et les paysans. Les *agermanados*, c'est-à-dire, les membres de cette association insurrectionnelle, se signalèrent, dès le début, et, commandés par Juan Crespi, ils obligèrent le vice-roi, don Miguel Gurrea, à se réfugier á Iviça. Les nobles parvinrent à se fortifier à Alcudia, et, sous les ordres de Juan Odon Colom, résistèrent aux attaques des agermanados, jusqu'à ce que l'escadre de don Juan de Velasco put arriver, à temps encore, pour les sauver, en obligeant les assiégeants à lever le siège. L'insurrection dite des Germanias, ne tarda pas, dès lors, à être complètement étouffée dans les Baléares.

En 1535, l'escadre de Carlos Ier, qui voguait à la conquête de Tunis, s'arrêta dans les ports de l'archipel. Les bâtiments des pirates de Barberousse, qui, en 1540, s'emparèrent de Mahon, et s'accagèrent la place, naviguèrent également dans leurs eaux. L'année suivante, l'empereur Carlos visita une autre fois Majorque, étant de passage pour Alger; il séjourna trois jours à Palma, pendant lesquels il fut fêté par la cité d'une manière inusitée.

Quelque temps après qu'eût éclaté la guerre de Succession, les Baléares, excepté le château de San Felipe, à Minorque, se déclarèrent pour l'archiduc Carlos, suivant en cela l'exemple des autres États de la couronne d'Aragon. La ville de Palma qui restait, pacifiquement dévouée au duc d'Anjou, proclamé roi d'Espagne sous le nom de Felipe V, se souleva cependant en faveur de l'archiduc d'Autriche, le 26 Septembre 1706, à la suite d'un mouvement populaire, et se rendit au général Leake, qui commandait une escadre de quarante navires. Le comte de Cavellá, plénipotentiaire du prétendant Carlos III, y entra solennellement le 1er Octobre de la même année. A cette occasion, de nombreux partisans de Felipe V, que l'on surnommait *botiflers,* furent poursuivis et sévèrement châtiés; d'autres durent émigrer, pour se soustraire à la mort dont les menaçaient les vainqueurs: les *viguetans*. L'île resta à la dévotion de la maison d'Autriche; même après la reddition de Barcelone par le maréchal de Berwik, elle voulut s'obstiner dans son parti, et la ville fit de grands préparatifs pour organiser sa défense. Mais tout fut en vain, car le 3 Juillet 1715, elle dut se rendre au général Asphald, qui, avec une armée de 10,000 hommes, l'assiégeait depuis sept jours. Alors furent perdus, pour Majorque, les franchises et privilèges à elle octroyés et légués par les éclairés ancêtres, et, comme le dit un écrivain majorquin [1], avec la suppression du corps de Jurés, qui put servir d'exemple à n'importe quelle république de l'orbe, disparut également le respectable Sénat baléarois.

Vint la paix d'Utrecht, et, grâce à elle, les îles s'affirmèrent sous la domination de l'Espagne, nonobstant que, par suite de ce même traité, Minorque passa au pouvoir de l'Angleterre. La France la posséda aussi, mais pour peu de temps, car elle dut bientôt la rendre aux Anglais, auxquels Carlos III la reconquit. Enfin, et pour dernière fois, l'Angleterre s'empara de cette place, qui ensuite fut définitivement restituée à l'Espagne par la paix d'Amiens (1802).

Suivant l'impulsion des autres provinces espagnoles, les Baléares se soulevèrent également contre l'inique usurpation napoléonienne, et leurs fils combattirent, à côté des Catalans, pour secouer le joug étranger.

En 1812 et 1820, Majorque accepta, sous serment, les deux éphémères Constitutions politiques de la Monarchie espagnole, fait qui se reproduisit en 1836, avec la proclamation du Code de 1812, ce malgré quoi, elle reconnut, trois années plus tard, Doña Isabel II comme reine d'Espagne, par suite de la mort de son père, Fernando VII. Cette souveraine visita Palma en Septembre 1860.

Voilà, décrits à grands traits, les faits principaux de la vie de ce pays. Il nous eut été impossible de faire tenir en un cadre plus restreint, un tableau si grand et si développé, et, moins encore, de l'analyser. A dire vrai, ce ne fut pas là notre but. Sincères admirateurs des beautés artistiques de cette contrée, héritage — presque toutes — des temps anciens, nous

(1) Joaquín María Bover.

avons voulu seulement en présenter pour ainsi dire le diadême, pur et sans ornements, pour, ensuite, y enchâsser les précieuses gemmes que l'historique cité garde en son sein. A rien autre ne prétend notre mission.

Que Palma ait été, depuis les temps les plus reculés, une cité importante, ses vieux et variés monuments l'attestent — muettes pages de pierre qui évoquent dans l'esprit toutes les périodes de l'Histoire. Sa position privilégiée au milieu de la Méditerranée, entre deux grands continents, desquels, à un moment, elle apparaît comme clef et sentinelle avancée, en a fait l'objet de la convoitise des races et nationalités diverses qui, au cours de leur successive domination, y ont laissé, par de multiples souvenirs architectoniques, des traces indélébiles de leur art et de leur civilisation.

Monarchies arabes et monarchies chrétiennes choisirent Palma pour leur capitale, où, forcément, elles durent concentrer les splendeurs de leurs cours; et, partant, des priviléges royaux la vinrent fortifier et ennoblir, tandis que, pour l'enrichir, une foule de corporations de caractère commercial, militaire et civil s'y établissaient.

Quoi d'extraordinaire, alors, à ce que, vers le milieu de XVIIe siècle, elle fût déjà à tout son apogée, ainsi que le démontre le plan que nous reproduisons plus loin, et qui donne substantiellement l'idée de la cité de nos jours! (1)

Malheureusement, peu d'années après que ce plan eut été tracé, l'heure triste de la décadence commerciale et politique sonna pour Majorque, décadence initiée, suivant Piferrer, par la perte de ses *fueros* et immunités, ordonnée par Felipe V, et par la découverte de nouvelles voies pour le commerce d'Orient, par les portuguais, mais que nous inclinons à croire transitoire et seulement l'effet de l'excessive dépense de forces, qui la laissa épuisée pour quelque temps.

Quoiqu'il en soit, il est certain que la cité s'est en quelque sorte pétrifiée dans ses vieux murs; et, s'il est vrai que l'esprit de ses habitants ait quelque peu évolutionné à la remorque des progrès du continent, cela n'a point exercé l'influence nécessaire pour changer, d'une manière radicale, sa physionomie, semblable en ceci à nombre de villes italiennes, qui, jadis, fastueuses capitales de leur territoire, ne vivent plus aujourd'hui que de leurs propres souvenirs, en dehors du centre de l'activité.

Palma est située sur la côte septentrionale de la baie de ce nom, au bord de la mer, et sur des terrains pleins de ravins et de fondrières; elle se compose de maisons grandes et bien construites; mais ses rues sont étroites et mal pavées, exception faite de quelques voies

(1) Il existe, à l'Hôtel de Ville, un plan de la cité, peint à l'huile sur toile, qui, contient, sur un placard, une inscription disant que, dans un chapitre tenu le 8 Novembre 1799, les régisseurs firent constater l'opinion que ce plan était égal à celui gravé en 1644 par Antonio Garau, ecclésiastique et mathématicien. Le fait que, dans le plan gravé, il y a plus de détails épisodiques que dans celui peint, nous porte à soupçonner que ce dernier est antérieur à l'autre, et qu'il est probable que ce fut l'original que le graveur reproduisit et orna.»

Nous devons les renseignements inédits, à l'aide desquels nous amplifions ceux publiés par Piferrer et Quadrado, à M. Benito Pons Fabrégues, membre de l'Académie royale de San Fernando, chroniqueur de la ville et du royaume de Majorque. La modestie de M. Pons nous empêcha de publier son nom sur le frontispice du présent ouvrage, car il ne voulut consentir à le voir en parangon avec ceux de ses éminents confrères susnommés. Mais, en transcrivant la note par laquelle M. Pons complète le plan auquel nous nous référons, nous croyons devoir signaler, hors texte, son précieux concours, et lui donner ce témoignage de notre gratitude.—*(Note des Editeurs.)*

ouvertes nouvellement; elle est enceinte de murs en pierre rougeâtre, et se reconnaît à grande distance, quand on entre dans la baie, par sa Cathédrale, qui, également en pierre rougeâtre, apparait tout d'abord, contiguë au mur que bat la mer (Planches II et III). Au delà, on entrevoit les cîmes qui ferment le large horizon de l'enchanteresse campagne qui environne la ville, et dans laquelle se détachent pittoresquement des silhouettes de palmiers.

La ville apparaît entourée d'une forte muraille, construction qui fut commencée au temps de Felipe II, et, dans laquelle il y a plusieurs remparts et huit portes. L'une de celles-ci, celle de Santa Margarita, reproduite par notre Planche I, «tire son nom du couvent qui, sous cette

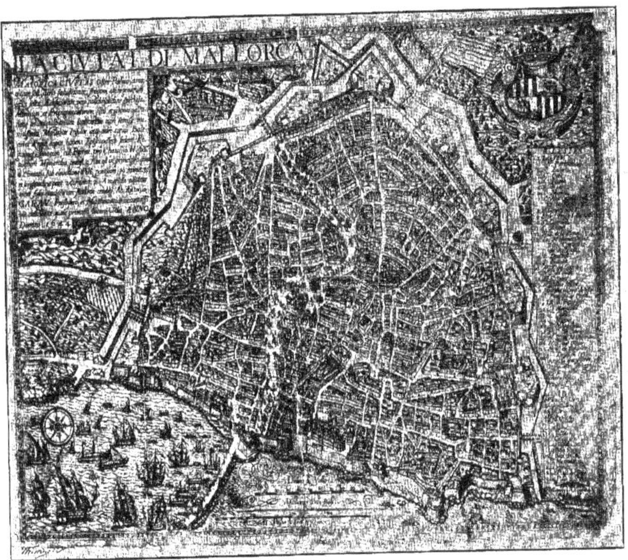

PLAN DE PALMA DU XVIIe SIÈCLE

même invocation, existe dans les environs depuis que les religieuses de Saint Augustin, qui résidaient au *Mercado* (marché), échangèrent leur couvent contre celui des Franciscains, en 1279. Les Arabes avaient donné à cette porte le nom de *Benalcofor*, et, parce que Don Jaime Ier, lors de la prise de la ville, fit par elle son entrée, les chrétiens la baptisèrent de celui de *Esvehidor*. Mais, vulgairement, on la dénomma *Porta pintada* (Porte peinte), jusqu'à ce que, par suite de reconstruction des murailles d'enceinte, elle cessa de servir de communication avec la campagne; son nom vulgaire alors passa à la porte ouverte vis-à-vis de la station du chemin de fer. Dans cette porte de Santa Margarita, on peut voir encore la niche où l'on exposait aux regards du peuple les membres des pauvres diables écartelés par le bourreau (1). Aujourd'hui, elle sert seulement d'accès à la partie supérieure des murailles; à sa droite se trouve une poudrière, actuellement inutilisée; à gauche se voient les restes des anciens murs.

(1) Là, dans une cage de fer, séjourna la tête du chef de la Germania, Juanito Colom, jusqu'à ce que ces restes crânéens fussent recueillis par une loge, en 1822

Le couvent de Santa Margarita, qui, comme nous l'avons dit, donne son nom à la porte de Esvchidor, est affecté aujourd'hui à un hôpital militaire: les petits bassins de pierre, d'une inépuisable variété, qui sont suspendus entre les arcs ogivaux, sont remarquables et assurément dignes d'être conservés.» (1)

Palma est une ville avec *Ayuntamiento* (Municipalité) à laquelle sont réunis les faubourgs de Santa Catalina et quarante-quatre hameaux, avec 61,000 habitants; elle est chef lieu judiciaire et capitale du diocèse épiscopal de Majorque, de la province et des îles Baléares. Elle possède *Audiencia territorial* (Tribunal civil), fondée en 1571; *Audiencia de lo criminal* (Cour d'assises), avec les cantons de Iviça, Inca, Mahon, Manacor et Palma. Elle se divise en deux districts: celui de la Cathédrale et celui de la *Lonja* (Marché); elle est place forte et port de premier ordre, avec capitainerie générale.

Parmi ses nombreuses et importantes corporations locales, figurent: la Société économique des Amis du Pays; le Séminaire concilaire, fondé en 1700; les Archives générales du royaume de Majorque; l'Ecole des Beaux-Arts et le Musée de Peinture; l'Ecole Nautique; l'Institut provincial d'enseignement secondaire, fondé en 1835; des Ecoles Normales pour professeurs et institutrices, et une Douane maritime de première classe.

Cette ville possède, en outre, un Tour d'exposés, créé en 1798; une Maison pour filles repenties, fondée en 1592; un Hospice d'orphelins, qui date de 1629; un Collège d'éducation appelé *La Crianza,* fondé en 1520; celui de *La Pureza,* en 1810; un Hospice de Miséricorde, établi en 1677; deux Hôpitaux; un Collège Luliano; six églises paroissiales; sept couvents de religieuses, et de nombreux oratoires publics.

USAGES ET COUTUMES

Il s'est conservé, à Majorque, avec assez d'intégrité, quelques usages et coutumes traditionnels, souvenirs tangibles de privilèges disparus ou de vénérables institutions, que nous chercherions en vain sur le continent, détruites ou emportées qu'elles ont été par la plus grande facilité des communications et l'envahisseur cosmopolitisme. Et ceci même, qui peut se rapporter aux formes et apparat extérieurs, peut également s'appliquer au type éthnographique et au caractère de l'insulaire.

Les majorquins sont excellents marins et bons soldats, dévots sans exagération, de mœurs douces et affables, et de caractère accueillant. Dans leur habillement, tant celui des femmes que celui des hommes (Planches IV, V et VI), se perpétuent de visibles réminiscences de la domination musulmane.

«Le vêtement classique du paysan majorquin est une veste de drap noir, gilet avec une quantité de petits boutons qu'on ne boutonne pas, une chemise blanche froncée au col, de larges culottes attachés au mollet, bas, souliers découverts et chapeau aux ailes très-larges: visage rasé et chevelure longue, éparse, dont l'usage va se perdant. En signe de deuil, ils

(1) B. P. F

revêtent une ample cape ou capote, même pendant le fort de l'été. Ceci est le costume de cérémonie, car, étant fort incommode pour le travail, on le simplifie toujours, surtout quand la douceur de la température permet de l'alléger, en supprimant alors bas et souliers, en laissant se reposer dans les armoires jaquettes et gilets.

»Les paysanes s'entourent le visage du vaporeux *rebocillo* (1) qui leur donne si charmant attrait. Elles s'habillent d'un corsage noir décolleté, à courtes manches, qui accusent bien leurs formes sculpturales, et d'une jupe très-étroite, qui laisse voir les pieds soigneusement chaussés. Au travail, elles vont généralement pieds nus; et quand — ceci depuis peu de temps — elles se permettent, pour la besoigne, d'abandonner la jupe et le *rebocillo,* elles les remplacent par une large blouse (marinière) et un foulard quelconque. Elles se parent généralement de nombreux et riches bijoux (boucles d'oreilles, colliers, etc., etc.)

»Depuis longtemps déjà on défigure ces costumes par des innovations absolument disparates, et c'est avec un réel chagrin que nous voyons disparaître, peu à peu, cette note caractéristique, pittoresque, poétique, de notre campagne.

»La nouvelle mode s'est plus facilement intronisée chez les paysans voisins de la ville, et cela explique la différence de costumes entre les horticulteurs et cultivateurs de la zone qui entoure Palma et les paysans de la montagne ou de villages qui, par suite de leur isolement ou d'autres causes, conservent plus pure la couleur locale.

»Celui qui croit qu'un pays a besoin, pour se faire passer pour *avancé,* de renier ses traditions et de se déguiser suivant les modes des autres nations, a une triste idée du progrès et de l'éducation.» (2)

Dans un ouvrage de caractère purement illustratif, il nous paraît long et inopportun d'énumérer et de décrire les innombrables coutumes et les traditions d'un peuple qui, comme celui de Palma, en est si riche. De notables écrivains ont d'ailleurs traité cette matière avec extension, ce pourquoi il nous suffira de nous borner á la description des usages de caractère public et officiel, de ceux qui figurent dans la partie illustrée de ce chapître, sans préjudice de nous en référer à d'autres, dans les successives sections de ce livre.

Dans toutes les cérémonies pour lesquelles intervient publiquement la Municipalité de Palma, cette corporation va toujours précédée de ses massiers (Planche VII), dont l'institution remonte à l'année 1373.

«La reproduction la plus ancienne que je connaisse de leur uniforme — dit M. Pons Fabrégues — est dans un tableau de grandes dimensions, conservé à l'Hôtel de Ville (nº 12 du Catalogue VI que je publiai en 1895) qui représente l'enterrement du corps de Ramon Lull, en 1327. Le peintre ne soupçonnait pas que les massiers qu'il faisait figurer dans sa composition ne devaient exister que 50 ans plus tard, et il ne s'inquiétait point de l'anachronisme qu'il commettait, en habillant des personnages du XIVe siècle à la mode de ses contemporains. Mais, quoiqu'il en soit, il nous légua une animée reproduction d'un acte processionnel du XVIe siècle. Deux massiers, vêtus de robes à traîne rouges, ouvertes sur le

(1) Sorte de grande voilette, très légère, qui encadre le visage.

(2) B. P. F.

devant, avec revers noirs, et portant sur l'épaule une massue d'argent, précèdent le cortège séculier qui accompagne le cadavre du martyr philosophe. Les détails du costume et la forme des massues sont identiques, à ce qu'il est permis d'en juger par la peinture, aux actuels. Viennent, ensuite de ces deux léonnés, trois autres hommes vêtus de noir, desquels deux ont aussi des massues d'argent, qu'ils portent droites, et qui se terminent, dans la partie supérieure, par des sphères de même métal formées de multiples disques entrecroisés qui ont, pour diamêtre commun d'intersection, l'axe de la massue. Peut-être sont-ce les massiers du Vice-roi qui préside le funèbre cortège, au milieu de deux Jurats revêtus de «gramallas» (longues robes à manches pointues). Les massiers des Jurats (conseillers municipaux) avaient pour salaire, en 1373, d'après leur même institution, 25 livres par an. Aujourd'hui, cette charge est remplie, à tour de rôle, par les portiers de l'Hôtel de Ville. Quant à la fable suivant laquelle le premier Bourbon voulut déprécier les «gramallas» des Jurats en les faisant revêtir par les massiers, elle est réfutée par le tableau auquel nous nous référons, attendu qu'il est démontré en celui-ci que deux siècles avant la guerre de succession, ces fonctionnaires étaient vêtus comme dans la centurie passée.»

MASSIERS DE LA DÉPUTATION PROVINCIALE

Les massues actuelles datent du XVIIe siècle; elles furent restaurées pendant le siècle suivant, selon les inscriptions qu'elles portent. En 1821, lors de l'épidémie de fièvre jaune, la Municipalité prit la résolution de faire fondre ses massues, ainsi que d'autres joyaux, pour frapper de la monnaie; mais don José Estadé y Omar les racheta, donnant, en échange, leur valeur en numéraire.

«La Députation provinciale (Conseil général) créa de nos jours une institution semblable, soit 10 ans après l'actuelle restauration bourbonienne. Vers 1884, don Ricardo Anckermann, directeur de l'Ecole des Beaux-Arts, dessina des costumes, en s'inspirant des «gramallas» qui constituent les vénérables toges des Jurats de ce Royaume, attendu qu'il est de croyance populaire, quoique non fondée, ainsi que nous l'avons déjà dit, que Felipe V, quand la place, qui avait déployé ses étendards pour Don Carlos d'Autriche, se rendit, voulut que le costume des Jurats devint celui des portiers, ceci comme humiliation et pour mieux indiquer son mépris pour les *fueros* et privilèges de Majorque. Don Fausto Morell dessina le projet de massues d'argent pour les massiers de la Députation, mais celles qu'ils portent proviennent de l'ancien Consulat de Mer.» (1)

Une autre institution qui se lie étroitement au cérémonial de la Municipalité de Palma, est celle des *Tamborers de la Sala* (Tambours de la Salle) (Planche VIII), qui jouit de privilèges spéciaux.

(1) B P F

«La première nouvelle de nomination de tambours que je trouve dans les annales des résolutions, qui existent dans les *Libres d'extraordinari* (Livres ou Registres d'extraordinaires) qui sont relégués dans l'Archive Historique du Royaume de Majorque, sous la garde de don P. A. Sancho et don E. K. Aguiló, porte la date du 9 Octobre 1528, où les Jurats désignèrent deux individus pour cet emploi, avec salaire d'un ducat et demi; mais ces désignations se font pour tambours de *les compañyes* (des compagnies). Soixante ans plus tard, le 26 Avril 1589, les Jurats nomment A. Cladera et A. J. Serra tambours de la salle, après examen d'aptitude, avec salaire annuel de 18 et 22 livres respectivement, et obligation d'avoir chacun un tambour à soi et de *adobarló* (le réparer). Le jour suivant, 27, est nommé, pour le même objet et dans les mêmes conditions, Juan de la Torre, *castellá* (castillan). Cette circonstance de n'être que trois les nominations, fait supposer que les Jurats ne créérent pas alors le corps entier, mais qu'ils pourvurent seulement à des vacances. Cependant, je n'ai trouvé aucun fait antérieur aux dates que je viens de citer, quoique ma supposition soit corroborée par le *Libre Ceremonial* (Livre des Cérémonies) 1548-1683, qui parle comme d'une coutume ancienne de la solennité par laquelle Majorque célèbre la commémoration de la conquête: «Mes auant » procurarás (dit le *Ceremonial* au Maître des cérémonies) que los manestrils, las trompetas, » trompas llargas y *tots los atambors de la Ciutat,* sien lo disapte de dita festa tantost aprés » dinar á la plassa de Cort, perque quant los Jurats vindrán á la Sala, tots plegats dits » instruments sonen per cada Jurat qui vindrá...» (Mais avant, tu feras que les ménestrels, les trompettes, trompettes longues et tous les *tambours* de la Ville soient le samedi de dite fête le tantôt après diner, à la place de Cort, pour que, quand les Jurats viendront à la Salle (mairie), tous ensemble les dits instruments sonnent pour chaque Jurat qui viendra...)

»Dans les *Ordinacións* (Ordonnances) consignées dans un tableau en parchemin daté de 1614, renouvelé en 1659, restauré avec grand soin il y a deux ans, en parlant de la vigile de S. Silvestre et Santa Coloma, il est parlé également des tambours et trompettes, comme on le peut voir dans le texte et la traduction des ces *Ordinacións* que je publiai en 1895.» (1)

Comme réminiscence de leurs anciens privilèges, les tambours de la Salle conservent encore aujourd'hui celui de pouvoir entrer tambour battant dans la Cathédrale, jusqu'à la porte du chœur.

Nous ne voulons pas clore ce chapitre sans décrire le glorieux blason dont, dans ses armes et son sceau, fait encore usage le Municipalité de Palma, par privilège de Jaime Ier, octroyé le 11 Juillet 1269, et confirmé plus tard par Don Sancho.

Voici le texte de ce privilège:

«*De Sagel*... Volem é otorgam á... la Universitat de la ciutat de Mallorques... sagel propi » de la Comunitat de la Ciutat demunt dita, en lo cual de la una part sia lo senyal nostre, » e en l'altre part lo senyal del Castel nostre de l'Almudayna de Mallorques...»

(*Du Sceau*... Nous voulons et octroyons à... l'Université de la ville de Majorque... sceau

(1) B. P. F.

propre de la Municipalité de la Cité ci-dessus dite, en lequel soit en une part notre cachet et en l'autre part le cachet de notre Castel de l'Almudayna de Majorque...)

Privilège de Don Sancho, donné en Montpellier le 14 Décembre 1311:

«Sanctius Dei gratia Rex Majoricarum, Comes Rossillionis etc. fidelibus suis juratis ac » probis hominibus Majoricarum salutem et gratiam: G. de Montesono Brg. Dominici, » Bn. Umberti et R. de Palaciolo ambaxatores vestri ad nostram presentiam venientes, » peticrunt á nobis suplicando ut vobis et universitati civitatis et regni Majoricarum signum » portandum in vexillis et aliis pedagiis concedere dignaremur; et super signum hujusmodi » deliberatione habita, vestris beneplacitis favorabiliter anuentes, concessimus signum, videlicet » quod in parte superiori sit signum nostrum regale bastonatum et in parte inferiori signum » castri albi positi in livido, quod dicti vestri ambaxatores depingi fecerunt in papiro ac vobis » portant; volentes et statuentes quod tale sit signum vestrum et omnium de regno Majoricarum » si illud duxeritis aceptandum. Datum in Monte pesulano xix Kalendis Januarii anno » Domini M.CCC.xij.»

(*Archives du Gouvernement Royal:* Registre des Cédules royales: 1311 à 1317, folio 84.)

Quoique Don Jaime, le Conquérant, voulut que l'écu de Majorque fut ***parti,*** et que Don Sancho le décrivît *coupé*, un usage immémorial l'a fait *écartelé*. C'est ainsi que nous l'avons toujours vu sur les couvertures des anciens recueils; sur les claveaux des voûtes de la Seo et de la Lonja (Bourse); au-dessus des portes sculptées de la chapelle Saint-Andrès; à l'Hôtel de Ville; sur le fronton de l'édifice qui fut le Marché, et qui est aujourd'hui quartier d'Artillerie; sur les monnaies majorquines; etc., etc.» (1)

Et ainsi nous l'avons reproduit dans la lettre initiale de ce présent chapître, soit le faisant figurer avec quatre quartiers: dans le premier et le quatrième sont les barres d'Aragon, et dans le second et troisième un château sur la mer avec une palme en son hommage, attribut par lequel se symbolise le nom de la vieille cité romaine, abandonné au moyen âge et restauré par Felipe V, dans son désir de romaniser les choses et de former les provinces sur un moule commun à toutes.

Habituellement on fait surmonter l'écu de la couronne royale et de la chauve-souris du comté de Barcelone, ou bien d'un casque avec le cimier à droite. Il convient donc de faire remarquer que pour le casque qui surmonte l'écu enchâssé dans l'initiale susdite, on s'est séparé des règles héraldiques, et, dans un but simplement décoratif, on a symbolisé le casque, que, par tradition, on suppose celui de Don Jaime, le Conquérant.

Les yeux fixés sur ce glorieux écu, qui est comme le miroir de ses hauts faits, Palma de Majorque persévère en son chemin ascendant à travers ses malheureux héritages, et elle verra surgir un avenir plus séduisant, en cimentant ses nouvelles entreprises, non avec le barbare concours des armes, mais par les nobles luttes du travail. A cela l'invitent sa position dans la Méditerranée, la bénignité de son climat et le caractère laborieux de ses habitants.

(1) B. P. F.

Parera y C.ª Editores.—Barcelona

PUERTA DE SANTA MARGARITA
EN LA MURALLA

PORTE DE SAINTE MARGUERITE
DANS LA MURAILLE

Parera y C.ª - Editores.—Barcelona

VISTA PARCIAL DE PALMA
DESDE EL MUELLE

VUE PARTIELLE DE PALMA
PRISE DU QUAI

Parera y C.ª - Editores.—Barcelona

VISTA PARCIAL DE PALMA
DESDE EL PUERTO

VUE PARTIELLE DE PALMA
PRISE DU PORT

Parera y C.ª - Editores.—Barcelona

PAYÉS MALLORQUÍN

PAYSAN MAJORQUIN

PALMA DE MALLORCA

Parera y C.ª Editores.—Barcelona

PAYESA MALLORQUINA PAYSANE MAJORQUINE

Parera y C.ª Editores.—Barcelona

GRUPO DE PAYESES POLLENSINES — GROUPE DE PAYSANS POLLENZINS

Parera y C.ª Editores.—Barcelona

MACEROS DEL AYUNTAMIENTO MASSIERS DE LA MUNICIPALITÉ

Parera y C.ª - Editores.—Barcelona

LOS TAMBORERS DE LA SALA. LES TAMBOURS DE LA SALLE

www.ingramcontent.com/pod-product-compliance
Ingram Content Group UK Ltd.
Pitfield, Milton Keynes, MK11 3LW, UK
UKHW020526180726
13839UKWH00005B/2335

9 782329 325545